BEI GRIN MACHT SICH IHR
WISSEN BEZAHLT

- Wir veröffentlichen Ihre Hausarbeit,
  Bachelor- und Masterarbeit

- Ihr eigenes eBook und Buch -
  weltweit in allen wichtigen Shops

- Verdienen Sie an jedem Verkauf

Jetzt bei www.GRIN.com hochladen
und kostenlos publizieren

Thomas Röser

Konzepte zur Verzahnung von dualer Ausbildung und Hochschulstudium

Duale Studiengänge

GRIN Verlag

Bibliografische Information der Deutschen Nationalbibliothek:

Die Deutsche Bibliothek verzeichnet diese Publikation in der Deutschen National-
bibliografie; detaillierte bibliografische Daten sind im Internet über http://dnb.d-
nb.de/ abrufbar.

Impressum:

Copyright © 2008 GRIN Verlag GmbH
Druck und Bindung: Books on Demand GmbH, Norderstedt Germany
ISBN: 978-3-656-55155-3

Dieses Buch bei GRIN:

http://www.grin.com/de/e-book/265496/konzepte-zur-verzahnung-von-dualer-
ausbildung-und-hochschulstudium

GRIN - Your knowledge has value

Der GRIN Verlag publiziert seit 1998 wissenschaftliche Arbeiten von Studenten, Hochschullehrern und anderen Akademikern als eBook und gedrucktes Buch. Die Verlagswebsite www.grin.com ist die ideale Plattform zur Veröffentlichung von Hausarbeiten, Abschlussarbeiten, wissenschaftlichen Aufsätzen, Dissertationen und Fachbüchern.

Besuchen Sie uns im Internet:

http://www.grin.com/

http://www.facebook.com/grincom

http://www.twitter.com/grin_com

Konzepte zur Verzahnung von dualer Ausbildung und Hochschulstudium

„Duale Studiengänge"

Referatsausarbeitung im Rahmen des Moduls 3.04
– Berufliche Aus- und Weiterbildung –

– eingereicht an der Hochschule der Bundesagentur für Arbeit –

verfasst von
Thomas Röser

Inhaltsverzeichnis

1. Einleitung

Die akademische Bildungslandschaft in Deutschland weist ein weites Spektrum auf. Viele Studienberechtigte stehen irgendwann vor der Frage: Was soll ich studieren, und vor allem, wie sieht meine berufliche Zukunft aus? Es stellt sich also nicht nur die Frage nach den Vorlieben für eine bestimmte Studienrichtung, sondern auch nach der Verwertbarkeit des gewünschten Abschlusses in ferner Zukunft. Der derzeitig große Mangel an Fachkräften in der Wirtschaft muss mit in die Studienentscheidung aufgenommen werden. Dazu kommt der steigende Anteil an Studienberechtigten, da die Zahl aller Absolventen[1] mit Fachhochschulreife und allgemeiner Hochschulreife im Alter von 18 bis 21 Jahren im Jahre 2006 auf insgesamt 44 Prozent angestiegen ist (vgl. Bildungsbericht, 2008, S.8). Der Wissenschaftsrat prognostiziert für die Zukunft die Marke von 50 Prozent an Studienberechtigten aller Absolventen von allgemeinbildenden Schulen. Kritisch zu betrachten dagegen ist aber die Tatsache des immer noch zu geringen Anteils an Studienabsolventen. Die Entscheidung über einen Studienabbruch kann viele Gründe haben. Mangelnde Motivation, unzureichende Arbeitsplatzaussichten, lange Dauer oder fehlende Finanzierungsmöglichkeiten während des Studiums können ausschlaggebend für eine Entscheidung gegen eine Hochschulausbildung sein. Die mangelnde praktische Ausbildung im akademischen Bereich kann die Perspektiven zusätzlich verringern. Als Alternative zum Studium fällt die Entscheidung oft auf eine betriebliche Berufsausbildung (vgl. Weber, 2007, S.103), da hier eine höhere Sicherheit in der beruflichen Zukunft gesehen wird. Eine weitere Alternative zum Studium im klassischen Sinne bieten die weniger bekannten dualen Studiengänge, die auf einer Verbindung von betrieblicher Ausbildung und Studium basieren. Bei dieser Studienart sollen die Defizite einer Hochschulausbildung durch die Vorteile einer praktischen Ausbildung ausgeglichen werden, damit die Studienabschlüsse eine bessere Verwertbarkeit auf dem Arbeitsmarkt erhalten. Da duale Studiengänge aufgrund verschiedener Vorteile zunehmend in Wirtschaft und bei Studieninteressierten an Stellenwert gewinnen (vgl. Waldhausen, 2007, S.15), möchte ich in meiner Arbeit einen Überblick über diese Studienart geben und deren Stellung auf dem Arbeitsmarkt aus verschiedenen Gesichtspunkten und Erfahrungswerten erläutern.

2. Entstehung und Entwicklung dualer Studiengänge

Der ursprünglichen Konzeption von dualen Studiengängen lagen Befürchtungen zugrunde, dass die traditionell fachtheoretisch ausgerichteten Studiengänge an deutschen Hochschulen in ihrer Entwicklung zu praxisfern seien. Bereits in den 70er Jahren entstanden erste Ansätze zur Verbindung von praktischer Ausbildung und theoretischem Studium, um die starke Theorielastigkeit von Studiengängen zu unterbinden (vgl. Wissenschaftsrat, 1997, S.8). Vor-

---

[1] Zur Erleichterung des Leseflusses wird im Folgenden auf die Nennung der weiblichen Form verzichtet.

reiter waren hier Berufsakademien, die bereits 1974 in Baden-Württemberg gegründet wurden. 1977 zogen dann die ersten Fachhochschulen mit berufsintegrierenden Studiengängen in Rheinland-Pfalz nach. Beide Systeme verfolgen ähnliche Konzeptionen, nämlich die Verbindung von betrieblicher Praxis mit einem theoretischen Studium. Durch die Einführung von Praxissemestern an den meisten Fachhochschulen im Jahre 1981 wurde die angewandte Wissenschaft grundlegend durch praktische Anteile außerhalb der Hochschule unterstützt. Daneben entstanden verschieden geprägte Studiengänge mit praktischen Anteilen, wie beispielsweise die kooperative Ingenieurausbildung 1985 an der Fachhochschule Niederrhein, in der eine Zusammenarbeit zwischen Hochschule und beteiligten Betrieben stattfand (vgl. Wissenschaftsrat, 1997,S.9). In diesen ersten Modellversuchen wurden berufliche Ausbildungen im tertiären Bereich erprobt, die teilweise zusätzlich zum Studienabschluss einen beruflichen Kammerabschluss beinhalteten (vgl. Schlegel, 2005, S.9).

Heutzutage werden über 650 verschiedene duale Studiengänge von unterschiedlichen Bildungsträgern angeboten, wobei mehr als 40.000 Studierende immatrikuliert sind (vgl. Jahresbericht AusbildungPlus, 2007, S.14). Als Anbieter kommen Berufsakademien, Verwaltungs- und Wirtschaftsakademien, Fachhochschulen und Universitäten in Frage. Den Hauptanteil des Angebots tragen die Berufsakademien und die Fachhochschulen, da hier die Studiengänge als ausgereift gelten. Die Entwicklung an Universitäten ist eher schleppend, weil sich das Konzept dort noch in der Anfangsphase befindet. An den Verwaltungs- und Wirtschaftsakademien wird die Anzahl der Studiengänge stetig weiter zurückgehen, weil sie die neuen Bachelor-Abschlüsse nicht vergeben dürfen (vgl. Jahresbericht AusbildungPlus, 2007, S.12). Da an den Berufsakademien ein spezielles System existiert, werde ich mich hauptsächlich auf die dualen Studiengänge der Fachhochschulen beschränken, die allein rund 300 Studiengänge aufweisen können. Die meisten Angebote ergeben sich bei den Fachrichtungen Wirtschaftswissenschaften, technische Disziplinen (Bsp.: Ingenieurwesen, Maschinenbau, Elektrotechnik) und Informatikstudiengänge. Das Konzept der dualen Studiengänge trägt zu einer hohen Durchlässigkeit bei, was durch die Verzahnung von beruflicher Ausbildung und Hochschulbildung erreicht wird.

3. Differenzierung der Typen dualer Studiengänge

Duale Studiengänge können begrifflich nicht allgemein oder einheitlich gesehen werden (vgl. Falk, 2007, S.8). Sie unterscheiden sich anhand der differenzierten Zusammensetzung, obwohl in allen Typen ein theoretisches Studium an einer Hochschule mit einer praktischen Tätigkeit in Betrieben oder anderen Arbeitsstätten vorgesehen ist. Grundlegend beruht eine Unterscheidung auf der Tatsache des zu erstrebenden Abschlusses, denn nicht alle duale

Studiengänge führen automatisch zu einer Doppelqualifikation. Zudem muss aus organisatorischer Sicht eine Differenzierung der uneinheitlichen Umsetzung des Konzepts erfolgen.

3.1 Berufsintegrierte Studiengänge

Diese Form eignet sich besonders für bereits Berufstätige, da sie eine Studienmöglichkeit neben der regulären Berufsausübung bietet. Die praktische Tätigkeit und das Studium verlaufen also zeitgleich, da der theoretische Studienablauf meist in Teilzeitform oder tageweise (außerhalb der Arbeitszeit) angeboten wird. Häufig geht aus den Kooperationsverträgen zwischen Hochschule und beteiligtes Unternehmen hervor, dass bei den Studieninteressierten zusätzlich zur Hochschulzugangsberechtigung eine bereits abgeschlossene Berufsausbildung vorliegen muss (vgl. Wissenschaftsrat, 1997, S.12). Durch die passenden beruflichen Vorkenntnisse und die parallele Durchführung der einschlägigen Arbeitstätigkeit soll eine Wissensvertiefung und eine Begünstigung der Studienleistungen erreicht werden. Zum Studienabschluss wird aber keine zusätzliche Qualifikation erworben. Die Fachhochschule Ludwigshafen bietet ein mittlerweile etabliertes Beispiel für einen berufsintegrierten Studiengang, da sie seit 1988 das Berufsintegrierte Studium (BIS) der Fachrichtung Betriebswirtschaft anbietet. Dieser Studiengang führt nach sieben Semestern zum Bachelorabschluss und ermöglicht die Beibehaltung des Vollzeitarbeitsplatzes (vgl. www.dualesstudium.rlp.de, 2008).

3.2 Praxisintegrierte Studiengänge

Die praxisintegrierte Studienform weist keine wesentliche Besonderheit im Vergleich zu klassischen Studiengängen auf, da auch hier kein zusätzlicher Abschluss zum Studienabschluss erlangt werden kann. Die Kombination von theoretischem Studium und praktischer Tätigkeit bei einem Arbeitgeber zeigt die inhaltliche Anknüpfung von Studieninhalten an die zukünftige Tätigkeit auf (vgl. www.ausbildungplus.de, 2008). Diese Studienform wird vor allem von Fachhochschulen der öffentlichen Verwaltung angeboten, wobei dann aus den Kooperationsverträgen zwischen Hochschulen und Behörden zusätzliche Einstellungsvereinbarungen zwischen Studierenden und Arbeitgebern hervorgehen (vgl. www.fhoev.nrw.de, 2008). Als anbietende Arbeitgeber von praxisintegrierten Studiengängen kommen beispielsweise kommunale Verwaltungen oder auch die Bundesagentur für Arbeit in Frage, da sie Studienmöglichkeiten mit einem hohem Praxisanteil schaffen. Diese führen neben dem Studienabschluss jedoch zu keiner weiteren Qualifikation, da die Praxisphasen mangels Umfang nicht den Vorgaben einer anerkannten Berufsausbildung entsprechen.

3.3 Ausbildungsintegrierte Studiengänge

Eine wirkliche Alternative zu allen anderen Studienformen bieten die ausbildungsintegrierten Studiengänge. Kernpunkt ist hier die enge Verzahnung von Hochschulausbildung und beruflicher Ausbildung, denn durch die Zusammenführung von Studium und Berufsausbildung kann eine Doppelqualifikation erreicht werden, was wiederum die Gesamtausbildungsdauer wesentlich verkürzen würde (vgl. Falk, 2007, S.9).

In diesem Konzept wird durch die Verbindung der Lernorte Hochschule und Betrieb (bei Ausbildungsberufen nach dem Berufsbildungsgesetz (BBiG) käme die Berufsschule hinzu) die tatsächliche und parallele, doppelte Ausbildung erreicht. Dies führt zu einer deutlichen Straffung der Gesamtausbildungsdauer „...im Vergleich zu einem Nacheinander dieser beiden Ausbildungsabschnitte..." (Wissenschaftsrat, 1997, S.12). Dadurch kristallisiert sich die ausbildungsintegrierte Studienform als die wichtigste der dualen Studiengänge heraus, denn der Zeitvorteil bringt einen großen Nutzen für die Absolventen und die Unternehmen mit sich. Anhand eines Beispiels der Fachhochschule Ludwigshafen möchte ich den zeitlichen Verlauf des Studiengangs Betriebswirtschaftslehre darlegen. Die kaufmännische Ausbildung und das Bachelorstudium beginnen gleichzeitig, wobei die berufliche Ausbildung dreieinhalb Jahre andauert (Option auf Verkürzung nach § 8 BBiG bis zu 12 Monate) und die Studiendauer nach sieben Semestern beendet ist. Somit hat der Absolvent spätestens in einer Zeit von dreieinhalb Jahren zwei anerkannte berufsqualifizierende Abschlüsse erworben, denn neben dem Bachelorabschluss erhält er einen Berufsabschluss der Industrie- und Handelskammer (IHK), womit er sofort als doppelt qualifizierte Fachkraft in das Unternehmen einsteigen kann. Im Vergleich zur klassischen Ausbildungsform, die eine Durchführung nacheinander vorsieht, entsteht ein Zeitvorteil von insgesamt dreieinhalb Jahren (vgl. www.dualesstudium.rlp.de, 2008). Durch den ständigen Lernortwechsel entfällt zudem auch die Einarbeitungszeit.

Die rechtliche Verankerung von ausbildungsintegrierten Studiengängen muss differenziert betrachtet werden, denn grundsätzlich besteht keine Anlehnung an das Berufsbildungsgesetz (BBiG). Nur durch eine getrennte Sichtweise der beiden Ausbildungsgänge kann eine Zuordnung erkannt werden (vgl. Natzel, 2008, S.567). Demnach wird bei einem Studiengang nach dem jeweiligen Hochschulgesetz des Landes verfahren, das jedoch für die Berufsausbildung keine Bedeutung hat. Diese wird mit den Vorgaben der Kammern nach Bundesrecht im BBiG oder der Handwerksordnung (HwO) geregelt (vgl. Falk, 2007, S.11). Somit ergeben sich für ausbildungsintegrierte Studiengänge unterschiedliche Handlungsrahmen bezüglich der Durchführungsregelungen von Studium und Berufsausbildung.

4. Motive der Beteiligten

4.1 Vorteile der Hochschulen

Durch die enge Anbindung von beteiligten Unternehmen an die Hochschulen entsteht ein direkter Wissens- und Technologietransfer zwischen wissenschaftlichem Studium und wirtschaftlicher Nachfrage. Dadurch kann auch die Forschung besser an die aktuellen Bedürfnisse am Markt angepasst werden (vgl. Konegen-Grenier & Kramer, 1995, S.11). Dazu werden die stark geforderten sozialen Kompetenzen der Studierenden durch wechselnde Phasen in Seminarschulung und betrieblicher Ausbildung gefördert, womit die wissenschaftliche Lehre im Vergleich zu klassischen Hochschulausbildungen aufgewertet wird. Daneben profitieren die Hochschulen und deren Ausstattung von Studiengebühren und sonstigen finanziellen Hilfen, die meist von den Betrieben getragen werden, was wiederum die Attraktivität für zusätzliche Studienbewerber erhöht.

4.2 Vorteile der Betriebe

Für die Unternehmen ergeben sich zum ersten Mitspracherechte bei der Planung und Umsetzung von Studien- und Prüfungsplänen, da sie aus den Kooperationen mit den Hochschulen resultieren (vgl. www.ausbildungplus.de, 2008). Dadurch wird eine Umsetzung der unternehmerischen Interessen in die wissenschaftliche Ausbildung gewährleistet und es ergibt sich daneben die Möglichkeit der Lösung von betrieblichen Problemen in der angewandten Forschung. Bei den ausbildungsintegrierten Studiengängen gelingt den Unternehmen zudem die Rekrutierung von hochqualifiziertem Nachwuchs, der durch die soziale Einbindung in den Betrieb oder durch vertragliche Vereinbarungen schon früh an die Unternehmen gebunden wird. Die Studiengänge stellen somit die nötige Personalplanung und -entwicklung sicher.

4.3 Vorteile der Studierenden

An erster Stelle der positiven Effekte steht hier neben der hohen Qualifizierung von Beruf und Studium der zeitliche Gewinn gegenüber dem herkömmlichen Ausbildungsweg. Durch die dargestellten zusätzlichen sozialen Kompetenzen und erworbenen zentralen Schlüsselqualifikationen ergeben sich für die Absolventen sehr gute Arbeitsmarktchancen (vgl. Konegen-Grenier & Kramer, 1995, S.18), da sie durch die Praxisorientierung gut auf anspruchsvolle Unternehmensaufgaben vorbereitet sind. Daneben stellen die Ausbildungsvergütungen der Betriebe, die zwischen 300 und 1.500 € monatlich liegen (vgl. www.ausbildungplus.de, 2008), eine finanzielle Unabhängigkeit dar, sodass sich die Studierenden voll auf ihre Ausbildung konzentrieren können.

Gesamt betrachtet ermöglichen die dualen Studiengänge bessere Übergänge zwischen der beruflichen Bildung und der Hochschulbildung (vgl. Schlegel, 2005, S.10). Dadurch werden die Transparenz und die Durchlässigkeit der Bildungssysteme in die Wege geleitet.

5. Zugangsvoraussetzungen und Bewerberauswahl

Laut verschiedener Umfragen bestätigten die ausbildenden Betriebe einen steigenden Bedarf seitens der Unternehmen nach Absolventen von dualen Studiengängen (vgl. www.ausbildungplus.de, 2008). Wie eingangs bereits dargestellt, steht diesem positiven Trend aber eine steigende Anzahl an Hochschulzugangsberechtigten entgegen, die für ein Bewerberaufkommmen von durchschnittlich fünfzig Bewerbern pro Studienplatz sorgen. Dies verursacht eine Festsetzung von Auswahlkriterien, die größtenteils durch die ausbildenden Betriebe festgelegt werden, da sie mit den Studierenden eine vertragliche Vereinbarung eingehen (vgl. Wissenschaftsrat, 1997, S.34). Die formelle Voraussetzung zur Aufnahme eines Studiums stellt aber die Berechtigung des Hochschulzugangs dar. Obwohl die dualen Studiengänge meist von Fachhochschulen als Kooperationspartner von den Unternehmen angeboten werden, wird aber weitgehend der Bildungsabschluss Abitur vorausgesetzt (vgl. Falk, 2007, S.13). Dies geht höchstwahrscheinlich auch aus den besonderen Anforderungen an die Studierfähigkeit für diese Studiengänge hervor, da beide Ausbildungen parallel nebeneinander laufen. Dies wird deutlich anhand eines beispielhaften Wochenplans. Bei einem dualen Studiengang in der Versicherungsbranche kann die Vorlesungszeit anfangs an zwei Tagen pro Woche stattfinden, wobei an den restlichen drei Tagen die praktische Tätigkeit geschult wird oder auch tageweise die Berufsschule eingeplant ist. Die Anzahl der Vorlesungstage in der Hochschule steigt mit dem Erreichen der höheren Semester an, da dann die Berufsausbildung bereits vollendet sein muss (vgl. www.provinzial.com, 2008). Daraus lassen sich gut die speziellen Anforderungen an die Studierenden in Form von außergewöhnlicher Leistungsbereitschaft und passendem zeitlichen Management erkennen, da nur eine Einhaltung der zeitlichen Planung die Reduzierung der Gesamtausbildungsdauer garantieren kann. Die Zulassungsbeschränkungen werden demnach größtenteils von den Unternehmen selbst festgelegt. Diese achten besonders auf Sozial- und Schlüsselkompetenzen sowie einen teils in Absprache mit der zuständigen Hochschule geforderten Numerus clausus (vgl. www.ausbildungplus.de, 2008). Somit entscheiden gute Zeugnisnoten, eine Ausbildungsreife und die Studierfähigkeit über eine Zulassung zu einem dualen Studiengang.

6. Arbeitsmarktperspektiven

Aufgrund der steigenden Internationalisierung und des Strukturwandels hin zu einer Dienstleistungs- und Wissensgesellschaft zeigen die Anforderungen an die Berufswelt Änderungen auf (vgl. Bildungsbericht, 2008, S.22). Dadurch weist sich auch bei Arbeitgebern ein Trend zu höheren Qualifikationsanforderungen auf, um diesen Wandlungsprozessen Stand zu halten (vgl. Weber, 2007, S.99). Zudem ergibt sich eine steigende Nachfrage nach qualifizierten Fachkräften auf Bachelorebene (vgl. Falk, 2007, S.12). Die dualen Studiengänge passen mit ihrem Konzept, welches die wissenschaftliche Lehre in die Berufspraxis umsetzen soll, genau in diese neuen Arbeitsmarktanforderungen. Die Absolventen dualer Studiengänge sind durch eine breite Schulung höher qualifiziert, jünger als Absolventen klassischer Studiengänge und schnell ohne Einarbeitung einsetzbar (vgl. www.ausbildungplus.de, 2008). Dies kann man auch an den Arbeitgeberreaktionen ersehen, die den Absolventen nach Ablauf des Ausbildungsvertrags meist eine Übernahmechance bieten. Dabei lauten die Stimmen aus der Wirtschaft: „Das duale Studium ist ein Gewinnermodell" oder „Profit für Unternehmen und Studierende" (www.hochschule-dual.de, 2008). Absolventen dualer Studiengänge haben eine gute Stellung am Arbeitsmarkt und ihnen eröffnen sich sehr gute Perspektiven bezüglich ihrer Karriereaussichten. Sie stehen lediglich bei Positionen in der oberen Managementebene oft hinter den klassischen Universitätsabsolventen. Aber die Praxis beweist, dass Absolventen dualer Studiengänge eine Chance zur Weiterentwicklung bekommen, denn sie werden gerne auch an ausländischen Hochschulen zu Masterprogrammen aufgenommen (vgl. Schlegel, 2005, S. 12). Somit kann insgesamt von einer sehr guten Verwertbarkeit der Abschlüsse bei dualen Studiengängen ausgegangen werden.

7. Problemstellungen

Obwohl die Abschlüsse bisher einen positiven Trend auf dem Arbeitsmarkt hinterlegt haben, müssen auch kritische Punkte bei der Konzeption von dualen Studiengängen untersucht werden. Gerade im Zuge der Umstellung von Diplom- auf Bachelorstudiengänge scheinen die Doppelqualifikationen als vorteilhaft, jedoch wird die Bewerkstelligung bis zum Abschluss zusätzlich erschwert. Dazu wird der generelle Wandel der Beschäftigungsstruktur durch die dualen Studiengänge beschleunigt, woraus sich auch ein Konkurrenzverhalten unter den Bildungsgängen ergeben kann.

7.1 Anforderung an Studierende

Wie bereits dargestellt, werden zum Erreichen einer Doppelqualifikation hohe Hürden gesetzt, was sich aus dem hohen Niveau eines Hochschulstudiums und der zusätzlichen Aufwertung durch einen Berufsabschluss innerhalb kurzer Zeit ergibt. Durch die Umsetzung der modularen Studiengänge stehen die dualen Studiengänge vor einer neuen Herausforderung, weil eine zusätzliche Straffung der Studienzeit gefordert sein wird. Bei einer möglicherweise dreijährigen Studiendauer eines Bachelorabschlusses muss die Integration der praktischen Ausbildung überdacht werden (vgl. Schlegel, 2005, S.12). Hier sollte ein zusätzlicher Zeitrahmen geschaffen werden, da sonst die hohe Qualifikation aus wissenschaftlicher und beruflicher Ausbildung kaum erreicht werden kann, es sei denn, den Studierenden wird ein großer Anteil an Verzicht auf Freizeit zusätzlich abverlangt. Durch das jetzt schon hohe Leistungsniveau der Studierenden bleiben die dualen Studiengänge durch die starken Zugangsbeschränkungen der Arbeitgeber meist einem nahezu elitären Kreis an Studieninteressierten mit besten Zeugnisnoten und besonderer Leistungsmotivation vorenthalten.

7.2 Beteiligungsverhalten von Universitäten

Das Angebot von dualen Studiengängen an Universitäten weist mit einem Anteil von unter vier Prozent aller dualen Studiengänge eine eher geringe Beteiligung aus (vgl. Jahresbericht AusbildungPlus, 2007, S.12). Die mangelnde Akzeptanz der Universitäten über den Handlungsbedarf bezüglich des fehlenden Praxisanteils an klassischen universitären Studiengängen spricht für die Weiterführung der theoretisch orientierten wissenschaftlichen Ausbildung (vgl. Waldhausen, 2007, S.16). Durch die Integration von praktischen Anteilen befürchten die Universitäten einen Verlust des hohen, aber rein wissenschaftlichen Niveaus. Sie sehen ihre Aufgabe eher bei der Weiterausbildung der Bachelorabsolventen auf die Masterebene.

7.3 Wandel der Beschäftigungsstruktur

Aufgrund des bereits beschriebenen Trends zur Höherqualifizierung in der Beschäftigungsstruktur (vgl. Weber, 2007, S.100) kann die Gefahr bestehen, dass die dualen Studiengänge mit ihrer doppelten Qualifikation einen Verdrängungseffekt auf die Facharbeiterebene ausüben. Absolventen von dualen Studiengängen sind für die Bereiche der Facharbeiter und deren Führungsebene gleichermaßen geschult. Es bleibt zu beobachten, wie sich das bis hierhin qualitativ hochwertige und dominierende duale Berufsausbildungssystem gegenüber den dualen Studiengängen weiterentwickelt, um ein Thema über eine generelle Verschmelzung von Facharbeitern und Studienabsolventen nicht zur Diskussion kommen zu lassen.

7.4 Wettbewerbssituation der Bildungsgänge

Die Absolventen von dualen Studiengängen bieten auf dem Arbeitsmarkt eine echte Alternative zu Absolventen von klassischen Studiengängen. Dazu kommt aber noch eine starke Konkurrenz von Weiterbildungsabsolventen des dualen Systems. Dort soll für die Bildungsebene der Meister, Techniker oder Fachwirte ein neuer internationaler Titelzusatz namens *Bachelor Professional* kommen, damit diese Weiterbildungen auch international anerkannt werden können (vgl. www.dihk.de, 2008). Dieses sorgt bei der Hochschulrektorenkonferenz (HRK) schon seit längerem für Empörung, da der Bachelorabschluss bisher Akademikern vorbehalten ist und die Umbenennung der Weiterbildungen zu einer Verwirrung führen könnte (vgl. www.idw-online.de, 2008). Da bei dualen Studiengängen die Durchlässigkeit von beruflicher und Hochschulbildung ein wichtiges Merkmal bedeutet, können hier auch zusätzliche Interessenskonflikte entstehen.

8. Schlussbemerkung

Duale Studiengänge stellen eine gute Alternative zu herkömmlichen Studiengängen dar. Das Konzept beinhaltet das Ziel, Fachkräfte, die größtenteils in der Wirtschaft tätig sein werden, besser auf die zukünftigen Aufgaben qualifiziert vorzubereiten. Sie können aber weder die hoch wissenschaftlichen universitären Studiengänge noch die etablierten Fachkräfte des dualen Berufsausbildungssystems ersetzen. Dies scheint auch nicht das Thema des Konzepts von dualen Studiengängen zu sein. Die Idee der Verzahnung von Studium und Beruf kann eher als Antwort auf die steigenden Qualifikationsanforderungen innerhalb des mittlerweile globalisierten und ständig wandelnden Wirtschaftsgeschehens verstanden werden. Dies kann besonders durch die steigende Nachfrage nach breiter qualifizierten Nachwuchskräften bei großen und meist global tätigen Unternehmen bestätigt werden. Der Einsatz und das Aufgabenspektrum der Absolventen mit Doppelabschluss sind breit gefächert und bieten verantwortungsvolle Tätigkeitsaussichten. Dennoch bleibt es bei vielen Positionen des Beschäftigungssystems offen, welche Bildungswege in Zukunft die besten Aussichten bieten, denn hohe Positionen mit Führungsverantwortung oder in der Managementebene gehen eher bevorzugt an Absolventen mit universitären und stark wissenschaftlichen Abschlüssen (demnächst Masterebene). Doch auch für diese Positionen bieten die dualen Studienabschlüsse eine sehr gute Grundlage, um darauf aufbauen zu können. Denn auch bei doppelt Qualifizierten ist ein lebenslanges Weiterlernen unumgänglich, um die Beschäftigungsfähigkeit erhalten oder verbessern zu können. Die Entscheidung für einen dualen Studiengang wird momentan durch gute Aussichten belohnt, was sich auch in Zukunft bewahrheiten wird, denn gut ausgebildeten Praktikern mit fundiertem Studienwissen stehen viele Türen des Arbeitsmarkts offen.

9. Literatur

Falk, R. (2007). Duale Hochschulstudiengänge. *Wirtschaft und Berufserziehung*, *05*, S.8-14.

Konegen-Grenier, C. & Kramer, W. (1995). *Studienführer. Duale Studiengänge. Hochschulausbildung mit integrierter Berufspraxis.* Köln: Deutscher Instituts-Verlag.

Natzel, I. (2008). Duale Studiengänge – arbeitsrechtliches Neuland? *Neue Zeitschrift für Arbeitsrecht*, *10*, S.567-571.

Schlegel, J. (2005). Duale Studiengänge – Modelle der Zukunft. *Wirtschaft und Berufserziehung, 12,* S.9-14.

Waldhausen, V. (2007). Duale Studiengänge – attraktiv für den Erfolg. *Wirtschaft und Berufserziehung, 05,* S.15-20.

Weber, H. (2007). Bachelor und Master – Neue Konkurrenz für das duale System? In H. Dietrich & E. Severing, *Zukunft der dualen Berufsausbildung – Wettbewerb der Bildungsgänge* (S. 97-130). Bielefeld: W. Bertelsmann.

Wissenschaftsrat (1997). *Duale Studiengänge an Fachhochschulen. Empfehlungen zur Differenzierung des Tertiären Bereichs.* Bielefeld: W. Bertelsmann.

AusbildungPlus (2007). Jahresbericht 2007.
http://www.ausbildungplus.de/lehre/info_zq/qutrends/51.html, vom 06.08.2008.

AusbildungPlus (2006). Kurzumfrage 2006.
http://www.ausbildungplus.de/lehre/info_zq/qutrends/4106.html, vom 06.08.2008.

AusbildungPlus (2008). Vorteile von dualen Studiengängen.
http://www.ausbildungplus.de/lehre/info_zq/zq/106.html, vom 06.08.2008.

AusbildungPlus (2008). Bewerbersituation, Verdienst, Arbeitsmarktperspektiven im dualen Studium. http://www.ausbildungplus.de/lehre/info_zq/zq/301.html, vom 06.08.2008.

AusbildungPlus (2008). Praxisintegrierte Studiengänge.
http://www.ausbildungplus.de/lehre/info_zq/zq/302.html, vom 06.08.2008.

Bildungsbericht (2008). http://www.bildungsbericht.de/, vom 06.08.2008.

Deutscher Industrie- und Handelskammertag (DIHK) (2008). Wirtschaftsminister befürworten „Bachelor Professional".
http://www.dihk.de/index.html?/inhalt/themen/ausundweiterbildung/news/meldung642.html, vom 06.08.2008.

Duales Studium Rheinland-Pfalz (2008). Vorteile ausbildungsintegrierter dualer Studiengänge.http://dualesstudium.rlp.de/main/index.php?port=port_stud&inc=Uebersicht&sub=S_Konzept_Vorteile, vom 06.08.2008.

Fachhochschule für öffentliche Verwaltung NRW (2008). Studium und Lehre. http://www.fhoev.nrw.de/index.php?id=74, vom 06.08.2008.

Hochschule dual (2008). Stimmen über Hochschule dual. http://www.hochschule-dual.de/stimmen.php, vom 06.08.2008.

Informationsdienst Wissenschaft (IDW) (2008). HRK-Senat protestiert gegen einen „Bachelor professional". http://idw-online.de/pages/de/news213503, vom 06.08.2008.

Provinzial (2008). Ausbildung und Studium Bachelor of Arts. http://www.provinzial.com/web/html/privat/provinzial/jobboerse/aktuelle_angebote/ausbildung/ausbildung_bachelor_of_arts/index.html, vom 06.08.2008.